KONSTANTIN KALVERAM

FRANKFURTER WÜRSTCHEN

MIT REZEPTEN VON
ANDREAS EGGENWIRTH,
FOTOGRAFIERT
VON MICHAEL RÜHL

Henrich Editionen

Quellenverzeichnis
Reeck, Emmerich: Das Frankurter Würstchen, Frankfurt, 1939
Reeck, Emmerich: Materialsammlung Frankfurter Würstchen. Schriftwechsel, Manuskripte, Kleinschriften, Zeitungsausschnitte, Etiketten. Institut für Stadtgeschichte, Frankfurt am Main. Laufzeit 1937–1942.
Derlam, Theodor: Führer durch das Karmeliterkloster. Schriftenreihe Frankfurter Sehenswürdigkeiten, Frankfurt am Main, 1938.
Zimmermann, H. K.: Das Karmeliten-Kloster zu Frankfurt am Main. Deutscher Kunstverlag Berlin und Anton Schroll & Co. Wien, 1938.
Koch, Dr. Heinrich Hubert: Das Karmelitenkloster zu Frankfurt am Main. 13.–16. Jahrhundert. Frankfurt am Main, 1912.
Donner - von Richter, Otto: Jerg Ratgeb Maler von Schwaebisch-Gmuend. Seine Wandmalereien im Karmeliterkloster zu Frankfurt am Main und sein Altarwerk in der Stiftskirche zu Herrenberg. Frankfurt am Main, 1892.
Johann, Ernst: Das Jahr des Metzgers. Der Wurstologia anderer Band. Frankfurt am Main, 1957.
Poffhoff, Dr. O. D.: Illustrierte Geschichte des Deutschen Fleischer-Handwerks. Vom 12. Jahrhundert bis zur Gegenwart. Berlin, 1927.

Mit herzlichem Dank für informative Gespräche an
Thomas Reichert, Haxen-Reichert, Frankfurt
Michael Spahn, Biometzgerei Spahn, Frankfurt
Kai Waibel und Oliver Bergmann, Metzgerei Waibel, Frankfurt

Vorwort

Das Frankfurter Würstchen – eine der schönsten Nebensächlichkeiten der Stadt. In seiner langen Geschichte hat es vieles erlebt und manches überstanden. Vor allem hat es sich gewandelt; die Frankfurter Metzger haben es über die Jahrhunderte immer wieder verfeinert. Und es war berühmt! In zahllosen Restaurants weltweit waren die Original Frankfurter Würstchen eine gesuchte Delikatesse. In längst vergangenen Zeiten waren sie sogar „der Stolz der Frankfurter Schweinemetzger". Als „Krönungswürste" und „Frankfurter Saucisses" genossen sie großes Ansehen. Nachdem das Würstchen in der letzten Zeit aber etwas ins Hintertreffen geraten war und man es in manch Frankfurter Metzgerei gar nicht mehr finden konnte, besinnen sich nun wieder mehr und mehr handwerkliche Metzger auf seine Herstellung; wie interessant ist es, die Unterschiede in den jeweiligen Würstchen zu erschmecken! Die kleine Wurstologie runden wir ab durch eine Sammlung klassischer und ganz innovativer Rezepte und wir beweisen: Auch in einer ambitionierten Küche kann das Frankfurter Würstchen durchaus eine Hauptrolle spielen.

Wir wünschen viel Vergnügen!
Die Autoren

Inhalt

3 Vorwort

6 Die Wurst

16 Ursprungsort Worschtquartier

24 Metzgerszunft

34 Die Frankfurter Bratwurst wird zum Frankfurter Würstchen

40 Industrialisierung

50 Weltruhm und Expansion

61 Frankfurter oder Wiener Würstchen

68 Rezepte

106 Metzgereien

REZEPTE

71 **KARTOFFELSALAT** MIT FRANKFURTER WÜRSTCHEN

73 **FRANKFURTER** WURSTSALAT

75 **KRÄUTERKNÖDEL** MIT WURSTFÜLLUNG UND APFELSAUCE

77 **FRANKFURTER** KLARE KARTOFFELSUPPE

79 **KARTOFFELN** NACH FRANKFURTER ART

81 **GEFÜLLTE ZWIEBEL** MIT WÜRSTCHEN-APFEL-RAGOUT

83 **FRANKFURTER** IM KRAUTWICKEL

85 **WÜRSTCHEN-CARPACCIO** MIT GRÜNE-KRÄUTER-PESTO

87 **DREIERLEI** FRANKFURTER DECKELCHEN

91 **WÜRSTCHENTALER**

93 **WÜRSTCHEN** IM REISBLATT

95 **APFEL-KARTOFFEL-SCHAUMSUPPE** MIT WÜRSTCHEN-BISKUIT

97 **KARTOFFEL-TOMATEN-WÜRSTCHEN-GRATIN** MIT ZITRONEN-THYMIAN

99 **FRANKFURTER** IM SCHLAFROCK

101 **FRANKFURTER** IM KARTOFFELMANTEL

103 **VARIATIONEN VOM KNUSPERWÜRSTCHEN** MIT DREI SAUCEN

Die

Wurst

Altes rotes Haus

Die „Alte Schirn“ (Rotes Haus) am Alten Markt.
Richard Enders um 1935.

„Nehme das Fleisch von den vorderen Schenckeln des Schweins, oder sonst das zarteste Fleisch, u. hacke es mit beliebigem Speck klein, thue es in eine tieffe Schüssel, würze es mit Muscatennuß, Muscatenblüth, Salz, Pfeffer, Thimian und Majoran, auch, wanns beliebt, mit Coriander. Wilst du Würste machen, die nicht geräuchert werden, so thue auch geschnittene Citronenschelfe darein; zum räuchern aber taugt die Citronenschelfe nicht. Wenn alles wohl unter einander gemacht ist, fülle sie die Wurst, wie erst gesagt worden.

Dieses Rezept für die Herstellung einer Frankfurter Bratwurst entstammt der zweiten Auflage der „Aufrichtigen und Bewährten Nachrichten von allem ersinnlichen Koch- und Backwerk" des „hochfürstlich Wirtembergischen Posthalters" Johann Georg Dörr aus Stuttgart aus dem Jahr 1748. In diesen Flugblättern, die Dörr regelmäßig herausgab, veröffentlichte er Rezepte für die Bereitung von Gerichten und Spezialitäten, die als besonders typisch für bestimmte deutsche Regionen oder Städte galten. Als besonderen Leckerbissen aus Frankfurt am Main wählte er die Frankfurter Bratwurst, die ihren heute geläufigen Namen erst gut 100 Jahre später erhielt.

Wie und wann das Frankfurter Würstchen in die Welt kam, ist heute nicht mehr mit Bestimmtheit zu sagen. Da bereits vor gut 5.000 Jahren Tierdärme mit zerkleinertem Fleisch gefüllt worden sind, und um 800 herum auch die Methode des Räucherns bekannt war, besteht die Möglichkeit, dass es schon vor sehr langer Zeit frühe Formen des Würstchens gab. Aber zu belegen ist das nicht.

Dass die Garköche auf einem Freischießen, das etwa im Jahre 1750 auf dem Sandhof im heutigen Stadtteil Niederrad volksfestartig veranstaltet wurde, an einem Tag allein 1.000 Würste herausgaben – beachtlich gemessen an der damaligen Größe Frankfurts und seiner Einwohnerzahl –, spricht für den Appetit der Frankfurter auf Würste, sagt uns aber nicht, wie diese Vorläufer des Frankfurter Würstchens damals beschaffen waren und ob sie gebraten oder geräuchert unters Volk gebracht wurden. Hinweise zur Herstellungsmethode der Würste fehlen. Die Bezeichnung Bratwurst könnte zwar einerseits einen Hinweis darauf geben, dass sie in der Pfanne gebraten wurden. Andererseits geht die „Bratwurst“ auch auf das „Brät“ zurück; die Masse, die aus einem Schafs- oder Schweinedarm erst eine Wurst macht. Immerhin: In seinen „Aufrichtigen und Bewährten Nachrichten“ gibt Johann Georg Dörr bereits Auskunft über die Räucherung der Würste. Es wird Mitte des 18. Jahrhunderts also zumindest zwei Varianten der Frankfurter Würstchen gegeben haben: eine geräucherte und eine ungeräucherte. Womöglich war das Frankfur-

Der Metzger.

Darstellung eines Metzgers, aus dem Buch „Eygentliche Beschreibung aller Stände auff Erden, hoher und nidriger, geistlicher und weltlicher, aller Künsten, Handwercken und Händeln ...“, Jost Amman und Hans Sachs, 1568.

ter Würstchen sogar ein Zufallsprodukt; die Metzger sollen die Würste zur Verlängerung der Haltbarkeit geräuchert haben, wenn gelegentlich der Verkauf zu wünschen übrig ließ.

Einen Hinweis darauf, dass die Ahnen des Frankfurter Würstchens aber schon seit viel längerer Zeit zur kulinarischen Kultur der Stadt gezählt haben, gibt eine vom Maler Jörg Ratgeb angefertigte Wandmalerei aus dem Jahr 1517. Im Refektorium des Karmeliterklosters in Frankfurt befinden sich gegenüber des großen Wandbildes an der Südseite des Saales, das Szenen aus dem Leben des Propheten Elias und die Verfolgung der Karmeliter zeigt, Darstellungen von Lebensmitteln aus der Alltagswelt der Mönche. In diesen Darstellungen in den Füllungen der Fensterleibungen kann man mit nur ein wenig Vorstellungskraft nicht nur Früchte und Schinken erkennen, sondern auch aufgehängte Würste sowie Bocksbeutel-Flaschen. Im Gegensatz zu dem großen Gemälde der Südwand ist diese dekorative Malerei aber nicht farbig, sondern in Schwarz, Grau und Weiß gehalten. Ob es sich beim Dargestellten tatsächlich um Vorläufer der Frankfurter Würstchen handelt und um die anderen nahrhaften Dinge, die ja an sich gut in ein Refektorium passen, kann wegen der starken Stilisierung der Abbildungen nicht zweifelsfrei gesagt werden. Sollten es aber Frankfurter Würstchen sein, kann man davon ausgehen, dass sie zu der Zeit schon als Teil des Speiseplans etabliert waren. Warum sonst wären sie dort hingemalt worden?

Johann Wolfgang von Goethe verdanken wir einen Hinweis darauf, welche Rolle die Frankfurter Würste am Tag der Krönung der deutschen Könige und Kaiser gespielt haben könnten. Im fünften Buch seiner Autobiographie „Dichtung und Wahrheit" berichtet er von der Krönung des deutsch-römischen Königs Josephs II. Es gibt allerdings nicht mehr als diesen einen Satz:

> **An mehreren Orten verteilte man Brot und Würste unter das Volk und ließ es an Wein nicht fehlen.**

Darüber, welche Würste das gewesen sein könnten, sagt der Dichterfürst nichts, und so können wir darüber nur spekulieren. Wir können uns nur vorstellen, dass die Frankfurter Bratwürste etwa neben Spanferkeln und Geflügel das Füllsel des Ochsen ausmachten, an welchem am Krönungstage sich traditionell die Frankfurter laben durften, sobald das frisch gekrönte Haupt und die Schar seiner Gäste ihren Teil davon hatten.

Der Name „Krönungswürste" ist übrigens erhalten geblieben, zumindest bis in die erste Hälfte des letzten Jahrhunderts war die Bezeichnung als Synonym für Frankfurter Würstchen in alteingesessenen Frankfurter Metzgerfamilien noch durchaus geläufig. Den hohen Stellenwert, den die Würstchen hatten, kann man daraus ersehen, dass eines der traditionellen Weihnachtsessen nicht nur in Frankfurt „Frankfurter Würstchen mit Kartoffelsalat" waren und sind.

Als „Krönungswürste“ haben die Frankfurter Würstchen bereits in der ersten Hälfte des 19. Jahrhunderts auch außerhalb Frankfurts keine schlechte Karriere gemacht; im exklusiven Kurhotel „Zähringer Hof“ in Baden-Baden etwa konnte damals der gut betuchte Gast „Frankfurter Saucisses“ bestellen.

Darstellung des Ochsen, der anlässlich der Krönung Kaiser Maximillians II. am 30.11.1562 zu Frankfurt am Main gebraten wurde. Er war gefüllt mit einem Hirsch, einem Schwein, einem Kalb, Bratwürsten und mit verschiedenem Geflügel. Einblattholzschnitt, gedruckt Frankfurt am Main, 1563, heute Nürnberg, Germanisches Nationalmuseum, HB 93

rsp

Wo

rungsort
rschtquartier

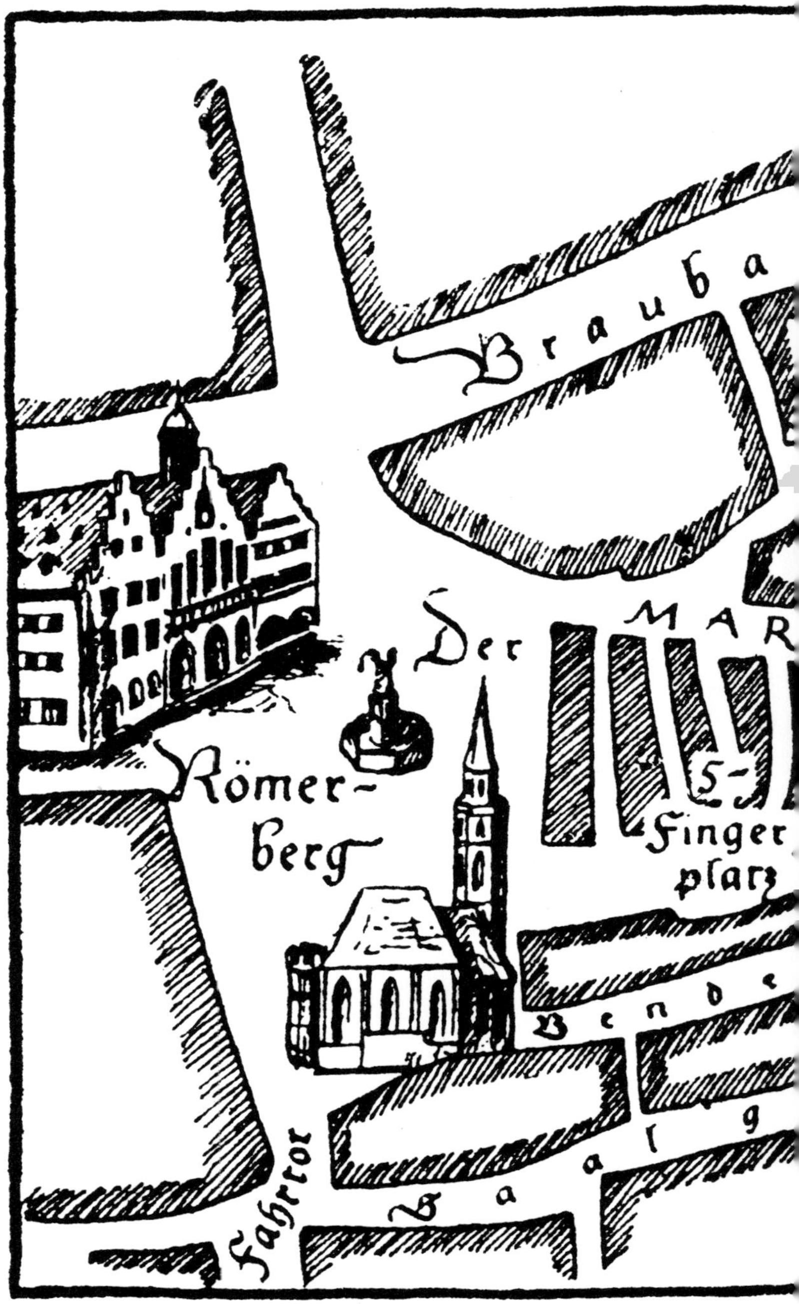

Brauba
Der
MAR
Römer-
berg
5-
Finger
platz
Bende
Saalg
Fahrtor

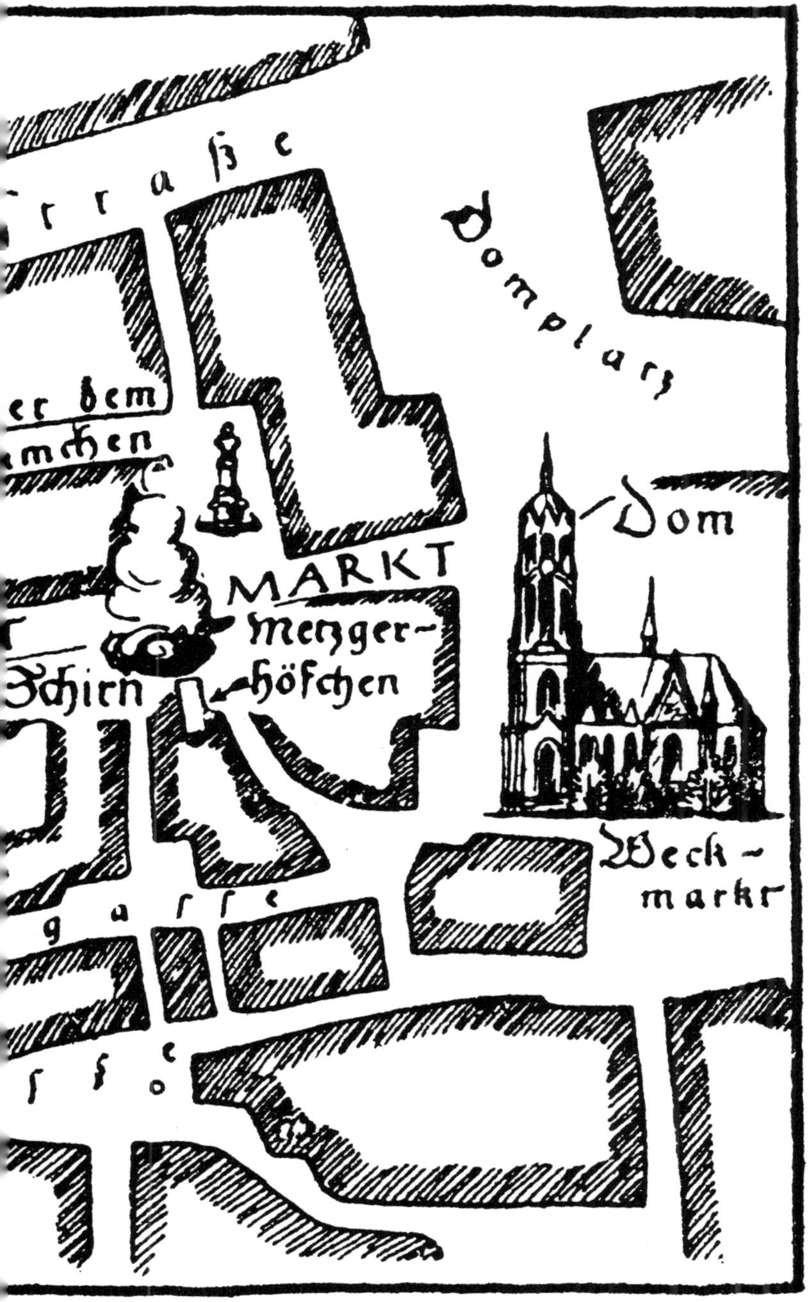

Historische Ansicht vom Alten Markt der Frankfurter Altstadt.

Der höchstwahrscheinliche Ursprungsort des Frankfurter Würstchens ist das Metzgerviertel, das in der Altstadt Frankfurts gelegene „Worschtquartier". Wer Wurst oder Fleisch kaufen wollte, musste sich den Weg durch enge Altstadtgassen bahnen. Hier waren im alten Frankfurt die Wurstküchen der Metzger und deren Schirnen, die Verkaufsstände. Die erste urkundliche Erwähnung einer Schirn entstammt dem Jahr 1268. Im hochmittelalterlichen Frankfurt gingen die Metzger ihrer Arbeit also schon in der Altstadt nach.

Bis ins 19. Jahrhundert durften die Frankfurter Metzger ausschließlich hier ihrem Handwerk nachgehen und ihre Waren verkaufen. Das schrieben rigide Zunft- und Ratsvorschriften vor, und es empfahl sich, sich an diese Vorschriften zu halten. Bei Zuwiderhandlung folgte die Strafe auf dem Fuße.

Es war nicht unüblich, dass etwa 150 Metzger nebeneinander ihrer Arbeit nachgingen. Eine jede Schirn durfte eine Verkaufsfläche von bis zu drei Metern haben. Angenehm war es sicherlich nicht, in der quetschenden Enge zu arbeiten. Von den hygienischen Umständen ganz zu schweigen; schließlich wurde an den Schirnen nicht nur verkauft, sondern auch produziert. Von der Schlachtung bis zum Abdrehen der Würste: Alles fand hier auf wenigen Quadratmetern statt. Eine eindrückliche Schilderung des Treibens im Quartier der Metzger stammt von Victor Hugo, der in seiner 1842 unternommenen „Rheinreise" die folgenden Worte fand:

Eine der Merkwürdigkeiten Frankfurts ...
ist seine Schlachtbank. Sie nimmt zwei
alte Gassen ein. Es ist nicht möglich,
ältere und schwärzere Häuser sich über
üppigere Haufen frischen Fleisches beugen
zu sehen. Ich weiß nicht, welche esslustige
Heiterkeit auf diesen Fassaden ruht,
deren Untergeschoss wie ein tiefer, weiter,
offener Schlund unzählige Ochsen- und
Schöpsenviertel zu verschlingen scheint.
Blutige Metzger und rosige Metzgerinnen
plaudern ganz anmuthig unter den
Guirlanden von Hammelfleisch. Ein rother
Bach, dessen Farbe durch zwei spülende
Brunnen kaum gedämmt wird, fließt
und rauscht inmitten der Straße. Als ich
durchkam, war sie eben voll schrecklichen
Lärmens. Unerbittliche Schlachtknechte
mit Herodes-Figuren richteten eben ein
Blutbad unter Spanferkeln an. Die Mägde
mit ihren Körben am Arme lachten zu
diesem Geschrei ...

Blick aus der Schirn in den Alten Markt in Frankfurt am Main, Aquarell von Carl Theodor Reiffenstein von 1864

Wir würden die Hände über dem Kopf zusammenschlagen und alle Hebel in Bewegung zu setzen versuchen, um derartige Zustände umgehend verhindert zu wissen – und sehen doch fasziniert auf diese Schilderung aus der Feder Hugos.

Aus diesem Viertel, von der Schlachtbank Frankfurts, werden wohl die Vorläufer der Frankfurter Würstchen stammen. Nur als ein Zeugnis von vielen soll stellvertretend aus einem Artikel der Frankfurter „Neuesten Zeitung“ vom

29.10.1938 zitiert werden. Hierin begründet der Autor den Ruhm der Schirnen und liefert eine Schilderung der Atmosphäre, die in den engen Altstadtgassen in der ersten Hälfte des letzten Jahrhunderts geherrscht haben muss.

Die Schirn, so schreibt er, sei ein Ort der Begegnung quer durch alle Klassen ohne Schranken. Wer hierher kommt – gleich, welcher Schicht er entstammt – unterwirft sich der Eigengesetzlichkeit der Schirnen. Nur hier dürften die Vorschriften des gesellschaftlichen Kodex über den Haufen geworfen werden, und niemand würde Anstoß nehmen, wenn man die Wurst einfach aus der Hand isst. An der Schirn dürfe man so richtig von Herzen ungezogen sein und die Wurst mitsamt der Wursthaut essen.

Der Name „Schirn“ stammt vom Althochdeutschen „Scranna“, wurde zum Mittehochdeutschen „Schranne“ und später zu „Scherne“ oder „Schirn“ und bedeutet „Offener Verkaufsstand“.

Metz

gerszunft

Ausschnitt aus der Postkarte von W. Senzel.

Noch einmal zurück zu den Zunftvorschriften für Metzger:

Schon im 15. Jahrhundert mussten die Fleischarten getrennt voneinander ausgelegt werden; Schwein zu Schwein, Rind zu Rind, Schaf zu Schaf. Seit dem 17. Jahrhundert galt dann die Vorgabe, dass die Frankfurter Metzger sich auf eine Fleischart spezialisieren mussten. So bildete sich eine Besonderheit Frankfurts heraus: Es gab Metzger, die nur Rinder schlachteten, es gab solche, die sich auf Hammel und Kalb verlegten, und es gab die Schweinemetzger. Letztgenannten kam schließlich im Lauf des 19. Jahrhunderts eine zunehmende Bedeutung zu, denn der Konsum von Kalb, Lamm, Hammel und Rind ging zurück, die Nachfrage nach Schweinefleisch nahm Stück um Stück zu.

Um die Schweine weiterhin optimal mästen zu können, wurde der Anbau von Futterkräutern (Klee, Luzerne), Feldgemüsen, Zucker- und Futterrüben intensiviert. Besonders der Kartoffel, deren Anbau Friedrich der Große 1756 in einer Circular-Ordre anordnete, womit er ihr zu großer Verbreitung in deutschen Landen verhalf, kam bei der Schweinemast eine große Bedeutung zu. Dennoch kam es nicht zu einer sprunghaften Zunahme der Anzahl von Mastschweinen. Das lag an der Vorschrift, die es zumindest Frankfurter Metzgern untersagte, mehr als sechs Schweine pro Woche zu schlachten. Die Zahl der Schweinemetzger hatte sich mit der Wende zum 18. Jahrhundert etwa verdoppelt – ein jeder sollte sein Auskommen haben. Um also für ein Gleichgewicht unter den Schweinemetzgern zu sorgen, wurden die Schlachtungen reglementiert. Zudem war es verboten, Schweinefleisch von außerhalb

Gruss aus Frankfurt a/M. - Altstadt, unter der Schirn

Unter der Schirn

einzukaufen und zu verwenden. Die Vorschriften blieben bis zum Ende des 18. Jahrhunderts unverändert bestehen, dann wurden sie gemildert. Doch wird sich die Anzahl der produzierten Würste noch nicht sonderlich geändert haben können; die Frankfurter Schweinemetzger durften statt bisher sechs nun immerhin sieben Schweine pro Woche schlachten; ein kleiner Lichtblick für geschäftstüchtige Fleischer, aber keine nennenswerte Verbesserung für Betriebe mit Kurs auf Wachstum.

Eine wirkliche Erleichterung der Umstände ergab sich für die Schweinemetzger erst durch die liberalisierte Schweinezuteilung, die mit der Schweinemetzgerverordnung von 1844 in Kraft trat. Wir wissen heute aber nicht, welche Auswirkungen diese Liberalisierung konkret auf die Herstellung der Frankfurter Würstchen gehabt haben kann. Denn als Brühwurst sind sie sehr empfindlich; ohne geeignete Kühlung ist das Fleisch, zudem gehackt, rasch dem Verderb ausgesetzt. Ohne Kühlung besteht sehr schnell das Problem der Bakterienvermehrung. Bis zur Erfindung von Möglichkeiten der Herstellung und Lagerung von Stangeneis, dessen Herbeischaffung dann zu den täglichen Pflichten des Metzgerlehrlings zählte und das zur Kühlung der empfindlichen Würste diente, wurden die Frankfurter Bratwürste lediglich in der kalten Jahreszeit hergestellt, wenn die Witterung eine Kühlung auf natürliche Weise zuließ.

An mehreren Stellen, etwa in alten Zeitungsausschnitten, findet sich als Datum, mit dem die Produktion der Frankfurter Bratwürste alljährlich begonnen hat, der 18. Oktober. Auf dieses Datum fallen zwei Ereignisse, derer gedacht wurde:

Lange Schirn in der Altstadt, von der Bendergasse nach Norden gesehen, Foto: Carl Andreas Abt

Das eine war das Ende der Völkerschlacht bei Leipzig 1813, die den Endpunkt der Befreiungskriege gegen das napoleonische Frankreich markierte, das andere war die Erinnerung an die Konstitutionsergänzungsakte, die vom 18. Oktober 1816 bis 1866 die Verfassung der Freien Stadt Frankfurt war. Der 18. Oktober war bis 1866, als Frankfurt den Status der Freien Stadt verlor und Preußen zugeschlagen wurde, Nationalfeiertag. Daran, wie eng der Beginn der jährlichen Produktion der Frankfurter Bratwurst mit dem Gedächtnis dieser beiden Tage verknüpft ist, kann man den hohen Stand ersehen, den die Wurst damals hatte. Weitere Anlässe waren etwa Volksfeste, die einen hohen Absatz der verderblichen Ware in kurzer Zeit garantierten, wie etwa das bereits erwähnte Freischießen.

Ohne die Einführung einer weitreichenden Gewerbefreiheit, die weit über eine Lockerung der Rationierung der Schlachtschweine hinausgeht, hätten die Frankfurter Schweinemetzger nie wie gewünscht expandieren können, hätte das Frankfurter Würstchen nie im stattgefundenen Ausmaß außerhalb Frankfurts bekannt werden können. Schritt für Schritt wurden die alten Erlasse zurückgenommen, die strikten Regeln wurden gelockert.

Neben der Schweinemetzgerverordnung von 1844 stellte eine weitere Lockerung ein Senatsbeschluss aus dem Jahr 1859 dar, der den Schweinemetzgern erlaubte, neben der Schirn eine zweite Verkaufsstelle außerhalb des Metzgerviertels zu betreiben. Mit dem 1. Mai 1864 schließlich trat eine umfängliche Gewerbefreiheit in Kraft. Mit diesem Tag entfiel nicht nur die Beschränkung der Anzahl der Schlachttiere, auch die Bindung an das Worschtquartier gehörte mit diesem Tag der Vergangenheit an; die Frankfurter Metzger waren nun frei zu wählen, wo in der Stadt sie ihr Geschäft errichten wollten.

Da das Metzgerviertel schon lange nicht mehr ausreichend Platz bot, weder den Expansionswünschen der Metzger noch den Strömen der Käuferschaft, war es für den Beginn der Gewerbefreiheit für die Frankfurter Schweinemetzger allerhöchste Zeit. Wer von ihnen aber gegen bestehende Beschlüsse verstieß, also etwa vor 1859 einen Verkaufsladen außerhalb des Metzgerviertels eröffnete, musste erfahren, wie unbarmherzig die Zunft ihn dafür bestrafte.

So erging es etwa dem Frankfurter Schweinemetzger Johann Adam Beyerle, der es gewagt hatte, noch vor Ergehen des Senatsbeschlusses seine Schirn zu schließen und einen Metzgerladen an anderer Stelle innerhalb Frankfurts zu eröffnen: Seine Metzgerkollegen zwangen ihn, das neu eröffnete Geschäft wieder zu schließen und seine Schirn im Metzgerviertel weiterzubetreiben.

Nach dem Senatsbeschluss von 1859 hingegen konnten die Frankfurter Metzger dann durchaus in anderen Straßen der Stadt ihre Geschäfte eröffnen. Metzger wie Johann Moritz Hartmann, Johann Georg Hartmann und dessen Sohn Carl Gottlob Hartmann zählten zu den Metzgern, die als erste im größeren Maßstab auch den Versand über die Region hinaus betrieben. Sie mögen gute Metzger gewesen sein, in kaufmännischen Angelegenheiten allerdings waren sie wenig beschlagen. Deswegen kooperierten die Metzger mit Frankfurter Kaufleuten, die ihnen die ungewohnten Schreib- und Rechenarbeiten abnahmen.

rankfurter Bratwurst wird zum Frankfurter Würstchen

Zum Anbeißen! Natürlich nur das Frankfurter Würstchen.
Foto: Hanna Reeck

Jetzt, da die Metzger sich niederlassen konnten, wo immer sie wollten, etablierte sich einer von Frankfurts südlichen Vororten als Standort für expandierende Schlachtbetriebe: Neu Isenburg. Der erste Metzger, der sich hier niederließ, war Georg Adam Müller. Müller stellte Würstchen im Großen her, sein Ansatz war der deutschlandweite Vertrieb. Doch das wäre beinahe schief gegangen. Müller hatte nicht beachtet, dass gerade die auswärtigen Kunden keine Frankfurter Würstchen made in Neu Isenburg haben wollten. Sie begriffen Frankfurter Würstchen nicht als beliebige Benennung eines Produktes, sondern verstanden den Namen als Herkunftsbezeichnung, die für eine hohe Qualität bürgt.

Ein Nachahmerprodukt anderer Provenienz wollten sie nicht haben. Um dennoch erfolgreich mit seinen Würsten handeln zu können, soll Müller eine List erdacht haben: Zu der Zeit lebte in Frankfurt der Ochsenmetzger Philipp Stroh. Dieser soll für Georg Adam Müller als Mittler fungiert haben und vor den Kunden als Hersteller aufgetreten sein. Alle Korrespondenz sowie Verkauf und Versand sollen über diesen Stroh-Mann abgewickelt worden sein. Müller soll seine Würstchen nach Frankfurt an Philipp Stroh geliefert haben, und dieser habe sie dann in Frankfurt per Eisenbahn vom Güterbahnhof zu den Empfängern versendet, die dann Frankfurter Würstchen aus Frankfurt am Main erhielten – bestätigt per Absendestempel.

Der Name Frankfurter Würstchen war damals übrigens bereits gefunden. Kein Frankfurter Metzger hat sich dieses Diminutivum ausgedacht, hier sagte man bis zur Wende zum 20. Jahrhundert zumeist noch Frankfurter Bratwurst. Als

„Würstchen“ erschienen sie zum ersten Mal 1858 in den „Mitteilungen eines Gourmands“ des Journalisten und Schriftstellers Johann George Ludwig Hesekiel. Der Kulturwissenschaftler Otto Freiherr von Reinsberg-Düringsfeld ruft 1863 in seinen „Internationalen Titularien“:

Die Frankfurter Würstchen sind in ganz Deutschland beliebt!

Ein weiteres, ganz wunderschönes Beispiel dafür, wie das Frankfurter Würstchen auch literarisch verehrt wurde, ist „Westermann's Jahrbuch der Illustrierten Deutschen Monatshefte“. In dessen 29. Band (Oktober 1870 – März 1871) steht: „... In ähnlicher Weise könnte man sagen, daß sich bei den beiden vorzugsweise mit der Wurstmission betrauten deutschen Stämmen, dem niedersächsischen und dem fränkischen, der Stammescharakter in der Wurst ausdrückt. Die Braunschweiger Mettwurst und das Frankfurter Würstchen haben Vieles und zwar viel Gutes miteinander gemeinsam. Nur ist die erstere ebenso consistent wie klobig, wie letzteres leicht und schwellend. Die große niedersächsische Wurst wird roh gegessen; das kleine Frankfurter Würstchen wird flüchtig in stark siedendes Wasser getaucht.

Jene repräsentiert die Kraft, diese die Eleganz. ...

Indust

rialisierung

HEINRIC
Die Dose ist vor dem Gebrauch 15 Minuten in kochendes Wasser zu legen und dann vorsichtig zu öffnen, ohne die Haut zu verletzen.
Place the tin in hot water for 15 minutes, then open and serve, taking particular care not to injure the skins of the sausages.
FRANK

Etikett, nachkoloriert, Institut für Stadtgeschichte

Da die Geschäfte für Georg Adam Müller fortan gut liefen, blieb er nicht der einzige Metzger, der seine Tätigkeit in den südlichen Vorort verlegte. Die Frankfurter Metzger fanden dort ausreichend Platz, um ihre Produktion größer anzulegen als im beengten Frankfurt. Neben Georg Adam Müller gab es in dieser frühen Phase des expandierenden Handels einen weiteren Pionier: Wilhelm Luft gründete in den späten 1870er-Jahren seine Firma in Neu Isenburg und baute einen florierenden Handel mit den Frankfurter Würstchen auf.

In Lufts Firma wurde zudem die Voraussetzung geschaffen, die es für einen Handel in weiter entfernte Städte oder nach Übersee brauchte, wenn die empfindlichen Würstchen länger unterwegs waren: 1887/1888 gelang in dem Unternehmen erstmals die Konservierung. Zwar hatten sich die Metzger bislang zu helfen gewusst, wie sie die Würste für den Versand haltbarer machen konnten:

Sie hatten sie zuerst in geschmolzenes Schweinefett gepackt, aus Kostengründen später in eine Mischung aus Hammel- und Schweinefett.

Da die Nachfrage nach Frankfurter Würstchen im In- und Ausland aber immer mehr zunahm, bedurfte es eines sichereren Konservierungsverfahrens, das auch im großen Stil reibungslos angewandt werden konnte. Die erste Konservierungsmethode war natürlich das Räuchern, das war seit Langem bekannt. Durch das Räuchern bindet ab einer bestimmten

Kerntemperatur im Würstchen das Eiweiß ab, dadurch wird zumindest eine auf wenige Tage begrenzte Haltbarkeit erreicht. Um die Würstchen darüber hinaus zu stabilisieren, wurden unterschiedliche Experimente gemacht, welche konservierenden Stoffe man der nun die Würstchen umhüllenden Salzlake beigeben könnte. Durch die bloße Sterilisation im Dampfapparat war die Konservierung nicht möglich, die Würstchen platzten der zu hohen Temperaturen wegen auf (man kennt das von zu Hause, sobald das Wasser im Kochtopf 75 °C erreicht, platzen die Würste auf).

Nach einer Reihe von Experimenten, die unter der Leitung des damals bekannten Nahrungsmittelchemikers Prof. Dr. Georg Popp im Hause Luft durchgeführt wurden, stand die optimale Lake zur Konservierung fest: 3 % Kochsalz und 1,5 % Borsäure. Diese zählte damals noch nicht zu den giftigen Stoffen, und man ging davon aus, dass sie nicht schädlicher sei als Kochsalz. In einem Artikel der „Kleinen Presse“ vom Juni 1924 heißt es, dass auch das Reichsgesundheitsamt die Ungefährlichkeit der Borsäure bestätigt habe, „jedenfalls“, so steht dort zu lesen, „sei ihre Wirkung gegenüber derjenigen von Salpeter eine verschwindend geringe.“ Von Salpetersalzen wusste man bereits, dass sie aufgrund ihrer giftigen, schädigenden Wirkung für den Einsatz im Lebensmittelbereich nicht infrage kamen. Als auch die Borsäure als zu giftig eingestuft und als Konservierungsmittel für Wurst- und Fleischwaren gesetzlich verboten wurde, begannen die Experimente wieder von vorne. Das Ergebnis war, dass die Würste lediglich in Salzwasser konserviert wurden – eine offenbar ausreichende Maßnahme. Das Problem der Konservierung war jedenfalls gelöst.

Doch die Zusammensetzung der die Würste umgebenden Flüssigkeit war nicht die einzige Herausforderung für die Schweinemetzger: Gegenstand der Experimente war auch die Verpackung für den Export: die Konservendose. Sie war zwar billig in der Herstellung, aber das Verschließen derselben war zu der Zeit noch eine knifflige Angelegenheit. Zu oft wurden die Dosen beim Verlöten mit Blei so stark beschädigt, dass sie nicht mehr verwendet werden konnten. Außerdem konnte man das Risiko einer Bleivergiftung nach Verzehr der konservierten Würstchen nicht ausschließen. Gläser, die in der Hinsicht keinerlei Risiko darstellten und in der Handhabung deutlich unproblematischer waren, waren dafür erheblich teurer und stellten somit auch keine Ideallösung für den groß angelegten Versandhandel dar. Mit der Verbesserung der Werkzeuge und Maschinen zum Verschließen der Dosen rückte das Risiko einer Bleivergiftung in den Hintergrund.

Wie die Verpackung des Frankfurter Würstchens sich im Lauf der Zeit mehr und mehr verändert hat, so wurden auch Form und Konsistenz des Würstchens selbst – und damit sein Geschmack – wieder und wieder verändert, entsprechend den sich entwickelnden Produktionsmethoden. Betrachtet man das Instrumentarium, das dem Schweinemetzger in der Mitte des 18. Jahrhunderts zur Verfügung stand, um aus einem Stück Fleisch Würste werden zu lassen – Hackklotz, Hackmesser und Wiegemesser -, ahnt man, dass das Brät, das Füllsel für die Wurst, niemals so fein sein konnte, wie wir es heute kennen. Auch wenn Meister oder Geselle sich stundenlang am Hackklotz abgemüht haben, signifikant kleiner als etwa erbsengroß werden die Fleischstücke für die Wurst eher nicht gewesen sein – etwa vergleichbar mit den größeren Stücken in den groben Bratwürsten, die wir heute kennen.

Dosen-Etikett der Frankfurter Metzgerei Heinrich Schmidt um 1910.

1885 hielten zwei neue Gerätschaften zumindest in die größeren Produktionsstätten Einzug: ein neuartiges Handwiegegerät und der Fleischwolf. Mit diesen beiden konnte man das Fleisch für die Wurstproduktion noch feiner zerkleinern, was zu einer geschmacklichen Aufwertung des Würstchens führte – einerseits. Andererseits entstand dadurch eine neue Herausforderung: Die gesamte Produktionsumgebung musste jetzt hinsichtlich der Hygiene durchdacht werden. Das feinere Brät war bei widriger Witterung noch anfälliger für Bakterienbefall; die nun noch größere Oberfläche bot noch mehr Angriffsfläche. Sauberes Arbeiten wurde immer wichtiger.

Als etwa 1893 eine frühe Form des Cutters, den man auch heute noch in Wurst- und Restaurantküchen findet, das Handwerkszeug des Metzgermeisters erweiterte, wurde eine Feinheit des Wurstbräts erreicht, die auch in unserer Zeit noch zum Standard zählt. Soviel zum Inhalt, nun noch etwas zur Hülle.

In der ersten Hälfte des 19. Jahrhunderts begann man, die deutschen Schweinedärme, in die man die Wurstmasse seit Urzeiten gefüllt hatte, durch amerikanische Schweinedärme zu ersetzen – ein frühes Beispiel für den weltumspannenden Handel mit Schlachtfleisch und tierischen Produkten.

Die Art der Mästung soll der Grund dafür gewesen sein, dass die Därme der amerikanischen Schweine viel dünner als die ihrer deutschen Artgenossen gewesen sein sollen. Man meinte wohl, dass der geringere Durchmesser, den die Würste dadurch erhielten, besser zu diesem edlen Produkt passe. Aber auch die Schweinedärme aus Amerika waren noch nicht der Weisheit letzter Schluss: Mitte der 1890er-Jahre wurden diese durch Saitlinge (ein bestimmter Abschnitt des Schafsdarmes, zählt zu den teuersten, weil zartesten Naturdärmen) turkmenischer und iranischer Kalmückenschafe ersetzt. Sie waren dünn und zart und boten die ideale Hülle für das edle Frankfurter Wursterzeugnis.

Kleiner Exkurs am Rande: Därme gleich welchen Tieres kommen aus einer Kuttelei. In diesen Betrieben wird nichts anderes gemacht, als Därme für die weitere Verwendung in der Wurstherstellung vorzubereiten. In einer Metzgerei, wo ja Frischfleisch zerlegt und Wurst hergestellt wird, darf diese Arbeit nicht verrichtet werden. Von den Därmen, die verwendet werden können, werden die Ober- und Unterhaut abgezogen, Metzger verwenden nur die mittlere Schicht des Darms, und die wird noch einmal gewendet. Das, was innen war, ist jetzt außen und wird zudem akribisch gereinigt; alles in allem eine saubere Sache.

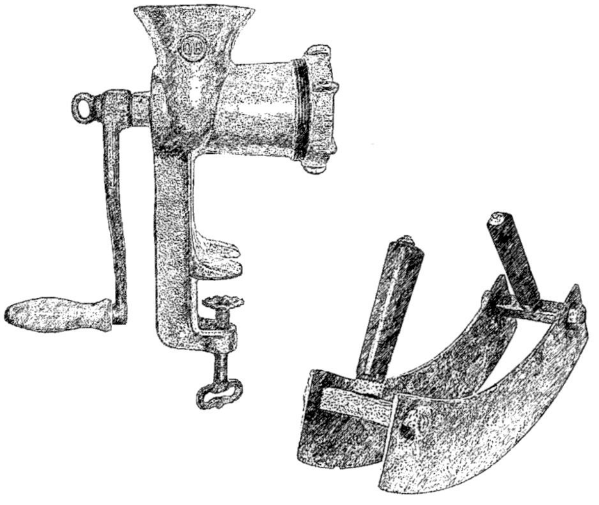

We

truhm und Expansion

H.S. INC No 82
NEW YORK
ICE COLD PEPSI COLA 5
FRANKFURT WITH SAUER-KRAUT OR ONIONS
ICE COLD
ALL KINDS OF
PIES
5

Mobiler Verkaufsstand mit Werbung „Frankfurter mit Sauerkraut oder Zwiebeln“, eiskalte Getränke und Kuchen, jeweils für 5 Cent, ca. 1939

Das Frankfurter Würstchen hatte also Mitte der 1890er-Jahre seine Form erhalten, bei der es im Großen und Ganzen bis heute geblieben ist – auch wenn heute kein Mensch mehr Kalmückenschafe kennt und es hier und da weitere Veränderungen an der Wurst gegeben haben mag. Das Würstchen galt bereits seit einiger Zeit als Delikatesse – die Frankfurter Schweinemetzger betrieben bereits einen schwungvollen, internationalen Handel damit.

Dieser Handel erfuhr aber noch einmal einen kräftigen Aufschwung, als die von den hiesigen Metzgern eingesandten Frankfurter Würstchen auf der Weltausstellung 1893 in Chicago so blendend abschnitten und mit der „höchsten Auszeichnung" nach Frankfurt zurückkehrten. Dieser Erfolg brachte einen noch lebhafteren internationalen Handel mit Empfängern auf der ganzen Welt mit sich. Nicht nur in den Vereinigten Staaten von Amerika bestellten zahlreiche Feinkostgeschäfte und Restaurants die Würstchen, auch nach Südamerika, Asien, Afrika und Australien soll eifrig versendet worden sein.

Weitere Ausstellungen, auf denen Frankfurter Würstchen präsentiert wurden, mehrten deren Ruhm. Ob es die „Ausstellung der Deutschen Landwirtschafts-Gesellschaft" in Berlin war, die „Ausstellung für Kochkunst, Konditorei, Bäckerei und verwandte Branchen" und die „1. Internationale Kochkunstausstellung" in Frankfurt oder die Weltausstellung in Paris: Überall gab es „erste Preise", „höchste Auszeichnungen" oder „goldene Medaillen". Eine Änderung des Posttax-Gesetzes aus dem Jahre 1873 ermöglichte den schnellen und preiswerten Transport der bestellten Würstchen per Postlieferung innerhalb des Deutschen Reiches:

Ausstellungs-Pavillon

auf der Chicagoer Weltausstellung 1893

Prämiirt:

Chicagoer
Weltausstellung 1893

Preis-Medaille

Prämiirt:

Berlin 1894
für Dauerwaren

Erster Preis

Türk & Pabst, Frankfurt a. M.

Allein-Verkauf der Fabrikation von **Wilhelm Luft, Neu-Isenburg**

heute bestellt und morgen, gleichsam noch frisch geräuchert, geliefert – egal ob nach Leipzig, München, Köln oder Wien –

so wurde geworben. Ob der Postversand wirklich so reibungslos funktioniert hat, lässt sich heute nicht mehr überprüfen. Für eine Lieferung bis einschließlich zehn Meilen zahlte man 2 1/2, für alle weiteren Entfernungen fünf Silbergroschen. Verladen wurde direkt in der Metzgerei: Jedes Würstchen für sich verpackt in Seidenpapier und in eine Form in einem Holzkästchen gelegt, wodurch sich die damals charakteristische eckige Form ergab. Der Kunde hatte übrigens die Wahl zwischen verschiedenen Wurstgrößen: Er konnte aus den üblichen Stärken auswählen: 4er (vier Würste ergeben angeräuchert ein Pfund) und 5er (fünf ergeben angeräuchert ein Pfund). Später gab es auch andere Größen.

Die größten und bedeutendsten Betriebe, in denen die Frankfurter Würstchen hergestellt wurden, waren zu der Zeit – um die Wende zum 20. Jahrhundert – nicht mehr in Frankfurt, sondern bereits in Neu Isenburg, Langen, Groß-Zimmern und Sprendlingen etabliert. Bis zum Ersten Weltkrieg erlebten die Schweinemetzger die größten Erfolge im Handel mit dem Würstchen. Doch mit dessen Beginn fand die Produktion ein jähes Ende. In der kriegsbedingten Zwangswirtschaft fehlten die Rohstoffe für die Wurstproduktion, doch auch nach deren Aufhebung, als die Produktion wieder anlaufen konnte, war es verboten, Lebensmittel ins Ausland zu versenden. Erst 1923 wurde dieses Verbot aufgehoben, und der Handel mit den Würstchen konnte wieder aufgenommen werden. Allerdings wohl nicht im gleichen Umfang wie vor dem Ersten Weltkrieg, wie ein Brief der Geschäftsleitung der „Wilhelm Luft Wurst- und Konservenfabrik“ vom Juli 1934 belegt. Darin heißt es, dass die Ausfuhr der Produkte seit dem Ersten Weltkrieg deutlich zurückgegangen sei. Holländische Produzenten wären im Handel erfolgreicher und würden bessere Qualität anbieten können als zuvor. Die Marktnotierung für Schweine von 100 Pfund Lebendgewicht betrage in den Niederlanden 25 bis 26,5 Pfennige, in Deutschland aber 50 bis 53 Pfennige. Zudem könne man in Holland „mit geringeren Belastungen“ arbeiten.

Zur Förderung des Exports heimischer Produkte schlug die Konservenfabrik Luft dem Reichsbauernführer deswegen die Senkung des Schweinepreises vor, außerdem eine Senkung der Schlachtsteuer. Man erbat,

Mittel aus dem Schlachtsteueraufkommen zur Verfügung zu stellen, um die Ausfuhr gegenüber den Holländischen Angeboten möglich zu machen.

Die Antwort des Reichsbauernführers war der Zeit entsprechend national ausgerichtet:

Wenn aus deutschen Steuereinkommen Mittel zur Verbilligung von Lebensmitteln zur Verfügung gestellt werden, so müssen sie zunächst zur Verbilligung von Lebensmitteln für die eigenen notleidenden Volksgenossen zur Verfügung gestellt werden.

Die Konkurrenz nahm zu, auch international, die Würstchenmetzger aus Frankfurt hatten es fortan nicht mehr so einfach.

Von dem großen wirtschaftlichen Erfolg, den das Würstchen seinen Herstellern brachte, wollten nun auch Metzger in anderen Städten einen Zipfel abhaben. Nach dem Ersten Weltkrieg sahen sich die „legitimen" Hersteller derart vielen Nebenbuhlern und Kontrahenten ausgesetzt, die ebenfalls „Frankfurter Würstchen" auf den Markt brachten, dass sie beschlossen, die Gerichte zu bemühen. Sie schlossen sich zum „Verband der Hersteller Frankfurter Würstchen e.V." zusammen und begannen einen Rechtsstreit vor dem Kammergericht in Berlin, in dem sie erwirken wollten, dass lediglich die Frankfurter Metzger – oder die aus dem Wirtschaftsgebiet Frankfurt, zu dem eben auch Neu Isenburg und Langen zählten – ihre Frankfurter Würstchen „Frankfurter Würstchen" nennen dürfen. Der Rechtsstreit währte zwei Jahre.

Am 28. September 1929 endlich entschied der 10. Zivilsenat des Berliner Kammergerichts, dass es nur den im Wirtschaftsgebiet Frankfurt ansässigen Schweinemetzgern gestattet ist, „Frankfurter Würstchen“ zu vermarkten (das Urteil wurde am 13.12. 1955 vom Bundesgerichtshof bestätigt, Schutz und Herkunftsbezeichnung gelten bis heute).

Während der Zeit des Nationalsozialismus unterbanden zahlreiche Länder, unter anderem die USA – der wichtigste Auslandsmarkt für die Würstchen –, die Einfuhr deutscher Produkte. Der Export brach komplett ein. Erst nach Kriegsende konnten die Exportpläne deutscher Metzger wieder umgesetzt werden. In einem Zeitungsartikel der Frankfurter Zeitung vom Januar 1951 heißt es:

Eine Marshall-Plan-Kommission will an verschiedenen Plätzen Deutschlands Verhandlungen aufnehmen, um deutsche Fleischspezialitäten wieder ins Ausland zu bringen. In Frankfurt werden die Verhandlungen in erster Linie um die Frankfurter Würstchen gehen. Frankfurter Würstchen sollen wieder ein Devisenbringer werden.

Der Autor stellt fest, dass das weit weniger einfach werden würde, als es noch vor dem Ersten Weltkrieg war.

Besonders stark war die Nachfrage ..., als eine einzige Firma allein nach Amerika eine Million Büchsen lieferte. England, Frankreich, Afrika waren in jener Zeit ebenfalls gute Abnehmer ...

Mit Ungeduld warten nun die Würstchenfabrikanten darauf, dass das Auslandsgeschäft wieder in Gang kommt. Jeden Tag laufen Anfragen aus zahlreichen Ländern ein.

In Nordamerika, wo man freilich nicht warten wollte, bis die Würstchen aus Deutschland wieder importiert werden durften, fingen die Metzger an, selbst „Frankforters“ und „Hot Dogs“ zu produzieren und den Markt zu beliefern.

Die Casa Valles in Pedralbes Barcelona, eines der beliebten Schnell-Restaurants, genannt „Frankfurt's"

Nicht nur in Amerika, sondern auch in Spanien wurde die deutsche Wurst immer beliebter. 1927 gründete der Deutsche Leonard Boeck in Barcelona einen Wurstbetrieb. Im Jahr 1960 wurde die erste „Bar Frankfurt" eröffnet. In Barcelona steht dieser Begriff für Würstchen und schnelles Essen aus der Hand.

Ein anderer Artikel der Frankfurter Zeitung vom März 1951 berichtet über den 37-tägigen „Weltflug" des „bekannten Fliegers, Journalisten und Photographen" Hans Bertram. Er war mit seinem Flugzeug auf einer weltweiten Werbetour für das Post-NS-Deutschland. Im Auftrag von Oberbürgermeister Dr. Walter Kolb hatte er eingedoste Frankfurter Würstchen im Gepäck. In allen Städten, die auf seiner Reiseroute lagen, übergab er dem jeweiligen Stadtoberhaupt ein paar der mitgeführten Dosen. Völkerverständigung im Zeichen der Wurst.

rankfurter
oder
Wiener
Würstchen?

Würste gibt es viele auf der Welt, zumal in Deutschland, das ein wahres Paradies für Wurstfreunde ist. Zu Recht: Fleischwurst, Gelbwurst, Schinkenwurst, Mettwurst, Ahle Wurscht, Salami, Lyoner, Leberwürstchen, ... Glücklich, wer einen handwerklichen Metzgerbetrieb mit reichhaltigem Wurstsortiment in seiner Nähe weiß.

Unter all den Würsten, die in Frankfurter Metzgereien angeboten werden, gibt es wahrscheinlich eines, neben dem das Frankfurter Würstchen am wenigsten gern zu liegen kommt. Sei es Doppelgängerscheu, Argwohn oder schlicht Eifersucht: Das Wiener Würstchen ist dem Frankfurter Würstchen nicht recht geheuer.

Ausgedacht hat es sich der 1772 geborene Johann Georg Lahner, Sohn fränkischer Kleinbauern, der es besser haben wollte als seine Eltern und deswegen auszog, das Metzgern zu lernen. Als junger Mann ging er nach Frankfurt und dort bei einem der vielen Schweinemetzger in die Lehre. Nachdem er die Kunst der Wursterei und sein Handwerk gelernt hatte, zog es ihn weiter, und als Handwerksbursch auf Wanderschaft kam er irgendwann in Wien an. Zum Wichtigsten in seinem Gepäck zählte sicherlich das Rezept zur Herstellung des Frankfurter Würstchens. In Wien soll es damals um das Metzgerhandwerk nicht zum Besten bestellt gewesen sein. Da kam Lahner mit seinem Rezept gerade recht. Er fand Anstellung in einer Metzgerei, legte sein Rezept vor, bereitete die Wurst, wobei er nicht nur Schweine- sondern auch Rindfleisch verwendete, und löste damit die darbende Metzgerzunft aus ihrem Dämmerzustand. 1805 wird als Geburtsjahr des Wiener Würstchens angegeben. Das Wiener Würstel, sein Rindfleischanteil ist der signifikante Unterschied zum Frankfurter Würstchen, hatte einen vergleichbaren Erfolg wie dieses. Die Wiener nannten sie aber „Frankfurter“, auch heute noch werden sie in ganz Österreich so genannt.

Und in Frankfurt hat man natürlich keine Schwierigkeiten, Wienerle zu bekommen: solche aus Rind und Schwein, Putenwiener, Kalbswiener ... Aber in vielen Metzgereien heißt es:

**Frankfurter? Haben wir nicht.
Nehmen sie doch ein Wiener,
das ist doch das Gleiche.**

Manchem ist eben alles eins und alles Wurst.

Wer sich heute bei handwerklichen Metzgern Frankfurter Würstchen kauft, kann feststellen, dass die Würste sich in Farbe, Dicke und Länge durchaus unterscheiden können – im Geschmack sowieso. Der handwerklich arbeitende Metzger ist nicht auf eine Herstellungsvorgabe festgelegt, besonders bei der Würzung kann er ganz nach Geschmack und Vorliebe vorgehen. Weißer Pfeffer, Muskat und Macis gehören heute fast immer dazu, Kardamom ist auch keine Seltenheit. Bis zu zehn Gewürze kommen in das Brät hinein. Es gibt allerdings außer der ausschließlichen Verwendung von Schweinefleisch noch andere Festlegungen, an die der Metzger sich halten muss; so muss der Naturdarm ein Saitling, also vom Schaf, sein, und das Würstchen muss mit Buchenrauch geräuchert werden. Andere Rauche, wie Tanne oder Erle, dürfen nicht verwendet werden.

Die Festlegung auf den Saitling bedeutet auch eine ungefähre Festlegung der Größe: Der Schafsdarm sollte Kaliber 22 (22 mm Durchmesser) nicht überschreiten. Die Länge des Naturdarms sollte so bemessen sein, dass das Würstchen vor dem Räuchern 55 bis 60 Gramm wiegt, das ist das Mindestgewicht. Natürlich gibt es hier aber Abweichungen: Je nach Alter und Mast des Schafs kann die Größe des Darms variieren. Außerdem gibt es Metzger, die selbst gern größere Portionen essen, also auch größere Würste herstellen: Dann wiegt eine Wurst auch mal 80 Gramm oder etwas mehr. Heute wie früher ist eine hohe Fleischqualität wichtig. Eine gut durchwachsene, aber nicht zu fette Schweineschulter ist ideal, der Metzger sollte auf den Gehalt des bindegewebefreien Fleischeiweißes achten, damit die Wurst nicht zu fett wird.

In manchen industriellen Betrieben wird die Vorgabe, Naturdarm zu verwenden, heute aber schon nicht mehr als bindend angesehen. Dort werden heute Frankfurter Würstchen mit sogenannten Eiweißsaitlingen hergestellt. Der „Saitling" aus Eiweiß wird künstlich hergestellt. Zarter soll der sein und mürber, auf jeden Fall besser zu kalibrieren: der scheinbare Vorteil eines Industrieprodukts gegenüber einem Naturprodukt.

Die Großproduktion von Frankfurter Würstchen findet heute außerhalb Frankfurts statt. Es ist wie in der Mitte des 19. Jahrhunderts: In Frankfurt fehlt es industriellen Betrieben an Platz. Deswegen gehen sie an den Rand der Stadt und in die Region, so entsteht dann ein zu einer Stadt gehörendes Wirtschaftsgebiet. Im Fall Frankfurts schließt das auch die Stadt Lich noch ein, wo heute einer der großen Hersteller von

Frankfurter Würstchen sitzt. Handwerkliche Metzger in Frankfurt sehen das mit Skepsis. Sie bestehen auf der Bezeichnung Original Frankfurter Würstchen, das wirklich nur innerhalb der Stadt hergestellt werden darf, und grenzen sich auf diese Weise ab.

Das „Frankfurter-Würstchen-Casting", das die Frankfurt-Darmstädter Fleischerinnung im Jahr 2012 veranstaltet hat, erfuhr ein großes mediales Echo und wurde von den beteiligten Metzgereien und der Öffentlichkeit als Erfolg gewertet, zeigte aber auch ein Dilemma einer kleinen Innung in einem großen Wirtschaftsgebiet auf: Das beste Frankfurter Würstchen kam von einer Metzgerei aus Pfungstadt (circa 40 km entfernt), das zweitplatzierte immerhin kam aus dem Herzen Frankfurt-Bockenheims, das drittbeste aus Mühlheim (Offenbach). Der Grund für den Zusammenschluss der Frankfurter Innung mit der aus Darmstadt liegt auf der Hand: In den letzten 35 Jahren haben allein in Frankfurt rund 400 Metzgereien zugesperrt. In Darmstadt zeigt sich ein ganz ähnliches Bild. Um überhaupt noch eine schlagkräftige Truppe zusammenzubekommen, hat man fusioniert.

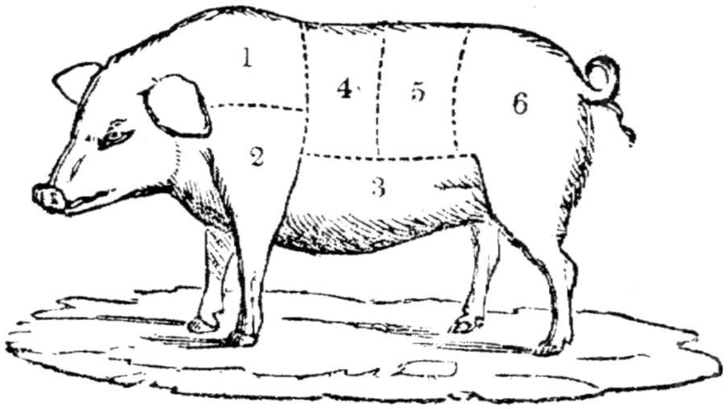

Reze

pte

Allen guten Köchen dieser Welt ist es ein Anliegen, kreativ mit den Grundprodukten umzugehen. So motiviert bin auch ich an die kulinarische Interpretation des berühmtesten Würstchens unserer Stadt herangegangen. Immer darauf achtend, dass die Rezepte auch für nicht so kundige Hobbyköche/-innen umsetzbar und alle Produkte im Lebensmittel-Einzelhandel, bei unseren Metzgern und natürlich auf den Wochenmärkten erhältlich sind.

Ein wichtiger Hinweis ist das Prädikat: *kinderleicht*
Diese Rezepte können Sie gemeinsam mit Kindern ab 8 Jahren zubereiten. Auch die geschmackliche Abstimmung habe ich entsprechend berücksichtigt.

Die Genusskultur in den Regionen der Welt ist durch die Entwicklung von Rezepten und deren Weitergabe entstanden. Tragen auch Sie zum kulinarischen Ruhm unseres „Frankfurter Würstchens“ bei!

Viel Spaß beim Nachkochen und Genießen.
Ihr Andreas Eggenwirth

kinderleicht

Für vier Personen

800 g festkochende Kartoffeln

0,1 l Mayonnaise

0,1 l Magerjoghurt

1/8 l Fleisch- oder Gemüsebrühe

80 g Zwiebeln

200 g Gewürzgurken (empf. Spreewälder)

1 TL Senf (mittelscharf)

3 EL Essig (oder vom Gurkenwasser)

Salz, weißer Pfeffer, Zucker

4 Paar Frankfurter Würstchen

KARTOFFELSALAT
mit FRANKFURTER WÜRSTCHEN

Die Kartoffeln in der Schale am Vortag kochen. Im abgekühlten Zustand schälen, in Scheiben schneiden und abgedeckt kühl stellen. Die Zwiebel(n) schälen und in kleine Würfel schneiden. Die Gurken in kleine Würfel schneiden.

Die Brühe erwärmen und mit Salz, Zucker, Pfeffer und Essig kräftig abschmecken. Die Zwiebelwürfel dazugeben und alles im warmen Zustand über die Kartoffelscheiben geben, dann die Gurkenwürfel dazu. Einziehen lassen. Joghurt und Mayonnaise verrühren und in den abgekühlten Kartoffelsalat einrühren. Abschmecken.

In heißem, leicht gesalzenen Wasser die Würstchen erwärmen und mit dem Salat anrichten.

Tipp: *Frankfurter Würstchen nie in kochendem Wasser erwärmen (max. 60 – 70 °C), sonst platzen sie.*

kinderleicht

Für vier Personen

3 Paar Frankfurter Würstchen
2 Frühlingszwiebeln
1 kleiner rotschaliger Apfel
1 Gewürzgurke
6 Radieschen
2 EL kleine Kapern (in Nonpareilles-Qualität)
2 EL Sonnenblumenöl
1 EL Apfelessig
1 EL Ebbelwei (Apfelwein) oder Apfelsaft
1 TL geriebener Meerrettich
Salz, weißer Pfeffer, Zucker
2 EL grob gehackte Petersilie

FRANKFURTER
WURSTSALAT

Die Würstchen in feine Scheiben schneiden. Die Frühlingszwiebeln waschen, den Wurzelteil, die äußeren und die dunkelgrünen Blätter entfernen. Apfel waschen, vierteln, entkernen. Radieschen waschen, Wurzelfaden und Blätter abschneiden. Alles, auch die Gewürzgurke, in feine Scheiben schneiden. Kapern dazugeben.

Sonnenblumenöl, Apfelessig, Ebbelwei oder Apfelsaft, Salz, weißen Pfeffer und Zucker zu einem kräftig schmeckenden Dressing verrühren und unter den Salat mischen. Vor dem Anrichten mit der grob gehackten Petersilie bestreuen.

Tipp: *Auf Frankfurter Wochenmärkten heißen Frühlingszwiebeln auch „Schlotten". Nicht zu verwechseln mit der Zwiebelsorte Schalotten oder Eschalotten.*

Für vier Personen

600 g Kartoffeln (mehlig kochend)

1 Päckchen Frankfurter-Grüne-Soße-Kräuter (200 g)

1 Paar Frankfurter Würstchen

125 g Kartoffelmehl

1 Ei

1 TL Kümmel

Salz, Muskatnuss

200 ml Sahne

100 ml Fleischbrühe

100 ml Apfelwein/-saft

1 kleine Zwiebel

2 Äpfel (leicht säuerlich)

20 g Butter

Zubereitung der Knödel

Die Kartoffeln in der Schale in Salz-/Kümmelwasser kochen. Währenddessen die Kräuter waschen, trocknen, die groben Stengel entfernen und alles fein hacken. Die Würstchen in kleine Würfel schneiden.

Die leicht auskühlten Kartoffeln pellen und zweimal durch die Kartoffelpresse drücken. Mit dem Kartoffelmehl, dem ganzen Ei, Salz und geriebener Muskatnuss verkneten. Die gehackten Kräuter dazugeben. Der Teig soll noch feucht sein, aber nicht in der Schüssel festkleben. Je nach Zustand etwas Kartoffelmehl oder ein wenig heiße Milch dazugeben. Den Teig für die gewünschte Knödelgröße portionieren, auseinanderdrücken, ein wenig von den Wurstwürfeln mittig einlegen, zusammendrücken und in der feuchten Handfläche den Knödel rollen. Bevor die Knödel abgerollt werden, immer einen Probekloß kochen. Dann in kochendem Salzwasser alle Knödel kurz aufkochen lassen und ca. 20 Minuten leicht garziehen lassen.

KRÄUTERKNÖDEL
mit WURSTFÜLLUNG & APFELSAUCE

Zubereitung der Apfelsauce

Zwiebel schälen, in kleine Würfel schneiden und in Butter andünsten. Mit dem Apfelwein/-saft ablöschen, Sahne und Fleischbrühe dazugeben und die Flüssigkeit um 1/4 einkochen. Mit dem Pürierstab mixen, so erhält die Sauce eine leichte Bindung. Äpfel vierteln, entkernen und in kleine Würfel schneiden. In die heiße Sauce geben.

Dieses Rezept ist die Frankfurter Antwort auf den fränkischen „Kloß mit Soß“.

FRANKFURTER

klare KARTOFFELSUPPE

Für vier Personen

500 g Hühnerklein

200 g durchwachsener Speck mit Schwarte

2 Lorbeerblätter

1 Nelke

1 Bund Suppengrün

750 g festkochende Kartoffeln

Salz, weißer Pfeffer aus der Mühle, Muskatnuss

1 große Zwiebel

1 EL Mehl

1/2 TL Rosenpaprika

2 EL Butterschmalz

0,1 l Rapsöl

2 Paar Frankfurter Würstchen

Das Hühnerklein kalt abspülen und in 1,25 Liter kaltes Wasser geben. Kurz zum Kochen bringen und weiter leicht köcheln lassen. Den auf der Brühe befindlichen Schaum immer wieder mit der Schaumkelle abheben. Die Schwarte vom Speck schneiden und alles mit den Lorbeerblättern und der Nelke in die abgeschäumte Suppe geben und köcheln lassen. Den Flüssigkeitsverlust immer wieder mit kaltem Wasser ausgleichen. Nach 30 Minuten den Speck und die Schwarte herausnehmen und in Würfel schneiden.

Nach weiteren 30 Minuten die Brühe durch ein feines Sieb gießen (evtl. durch ein Passiertuch). Jetzt die klare Brühe erneut zum Kochen bringen. Das Suppengrün waschen, putzen und in Würfel schneiden, ebenso die Kartoffeln. Alles in die leicht kochende Brühe geben und ca. 15 Minuten garen. Das Gemüse und die Kartoffeln sollten einen leichten Biss haben. Mit Salz, Pfeffer und geriebener Muskatnuss abschmecken.

Die Würstchen in der siedenden Suppe garziehen lassen. Die Zwiebeln abziehen, in feine Ringe schneiden und durch das mit Rosenpaprika gemischte Mehl ziehen und abschütteln, auf Küchenkrepp beiseitelegen. Butterschmalz mit Rapsöl in einer kleinen Pfanne erhitzen. Die Zwiebelringe darin goldgelb ausbraten und auf Küchenkrepp abtropfen lassen.

Die Petersilie grob hacken. Die Suppe in Teller/Tassen füllen, die Würstchen halbieren und dazugeben. Mit den Zwiebelringen belegen und der Petersilie bestreuen.

Tipp: *Die Würstchen können auch gebraten dazugegeben werden. Dann werden diese an den Enden über Kreuz eingeschnitten und nur kurz in dem heißen Fett ausgebacken. Bitte nur kurz, denn das darin befindliche Natriumnitrit-Pökelsalz verändert sich bei 130 °C in Nitrosamine. Deshalb niemals die Würstchen grillen!*

Tipp: *Mit diesem Gericht kann man Kinder an das wesentlich schwierigere Gericht des Kartoffelgratin (Knoblauch) heranführen.*

kinderleicht

Für vier Personen

600 g mehligkochende Kartoffeln (am Vortag kochen, pellen)
4 Paar Frankfurter Würstchen
1 mittelgroße Zwiebel
1/2 l Fleischfond
1/2 l Milch
2 EL Mehl
50 g Butter
2 Äpfel (leicht säuerlich)
Salz, weißer Pfeffer, Muskatnuss
1 Bund Petersilie (fein hacken)

KARTOFFELN *nach* FRANKFURTER ART

Am Kochtag:

Zwiebeln pellen, Äpfel schälen und entkernen. Beides in kleine Würfel schneiden und in der Butter andünsten. Das Mehl dazugeben und einrühren. Mit kalter Brühe und kalter Milch auffüllen und ca. 20 Minuten durchkochen lassen, bis eine gut gebundene Sauce entstanden ist. Mit dem Pürierstab die gekochten Zwiebel- und Apfelstücke einmixen. Mit Salz, Pfeffer und Muskat abschmecken.

Die Kartoffeln quer in Scheiben, die Würstchen in schräge Scheiben schneiden. Etwas Sauce in eine ovale oder eckige Auflaufform gießen. Die Kartoffelscheiben schräg und leicht aufrecht abwechselnd mit Würstchenscheiben reihenweise in die Form setzen. Mit der restlichen Sauce begießen und bei 180 °C Ober-/Unterhitze ca. 20 Minuten backen.

Vor dem Servieren das Gericht mit Petersilie bestreuen.

Für vier Personen

4 große Zwiebeln

200 g grobes Bratwurstbrät

1 Paar Frankfurter Würstchen

1/4 l Bratensauce

100 ml Apfelwein

2 rotschalige, leicht säuerliche Äpfel

1 Lauchzwiebel-Stange

1 EL Rapsöl

Salz, schwarzer Pfeffer

GEFÜLLTE ZWIEBEL
mit WÜRSTCHEN-APFEL-RAGOUT

Die Zwiebeln schälen, in kochendem Salzwasser ca. 10 Minuten kochen. Oben einen Deckel abschneiden. Die Zwiebeln großzügig aushöhlen und warm stellen.

Das Bratwurstbrät in einer Pfanne anbraten und dabei in kleine Stücke zerteilen. Die Bratensauce und den Apfelwein dazugeben und alles leicht einkochen lassen. Die Frankfurter Würstchen in mundgerechte Stücke schneiden. Die Äpfel entkernen und in Streifen schneiden. Alles in der Sauce erhitzen. In die ausgehöhlten Zwiebeln füllen, Deckel leicht schräg anlegen und servieren.

Tipp: *Als Beilage empfehle ich ein Kräuter-Kartoffelpüree oder Salzkartoffeln.*

FRANKFURTER *im* KRAUTWICKEL

Für vier Personen

4 große Kohlblätter (Weißkohl oder Spitzkohl)

2 Paar Frankfurter Würstchen

200 g grobes Bratwurstbrät

3 Zwiebeln (fein gewürfelt)

1 kleines Bund Petersilie (fein gehackt)

evtl. Salz und schwarzer Pfeffer aus der Mühle

Rapsöl

2 TL Speckwürfel

0,1 l Apfelwein

0,2 l Bratenfond

Den Strunk aus dem Kohlkopf herausschneiden, die äußeren Blätter entfernen und 4 der nächsten großen Blätter abnehmen. In Salzwasser blanchieren und in Eiswasser abkühlen. Die dicke Mittelrippe herausschneiden, sodass zwei Hälften entstehen. Mit Küchenkrepp trocknen.

Die Petersilienblätter waschen, die groben Stengel abtrennen. Die Blätter fein hacken. Die Würfel einer Zwiebel und die Petersilie mit dem Bratwurstbrät vermischen. Sollte das Brät nicht gewürzt sein, mit Salz und Pfeffer abschmecken. Die Frankfurter Würstchen quer halbieren. Das Wurstbrät auf die 8 halben Kohlblätter verteilen, die Wurststücke darauflegen und alles wie eine Kohlroulade zusammenbinden.

Das Rapsöl im Bräter erhitzen. Die Krautwickel von allen Seiten anbraten, herausnehmen. Die Speck- und restlichen Zwiebelwürfel anbraten, mit dem Apfelwein ablöschen, den Bratenfond dazugeben. Die Krautwickel einlegen, Deckel drauf und alles im Backofen bei 200 °C ca. 40 Minuten schmoren lassen. Immer wieder die Menge der Flüssigkeit prüfen! Eventuell nachfüllen.

Tipp: *Als Beilage können hierzu Salzkartoffeln, aber auch die Kräuterklöße (ohne Füllung) serviert werden. Den restlichen Kohl zu Weißkohlsalat oder zu einem Gemüse verarbeiten.*

Für vier Personen

4 Paar Frankfurter Würstchen

1 Packung Frankfurter-Grüne-Soße-Kräuter

5 EL Walnusskerne

4 Knoblauchzehen

0,2 l Rapsöl

Saft von 1 Zitrone

Salz, weißer Pfeffer

WÜRSTCHEN-CARPACCIO

mit GRÜNE-KRÄUTER-PESTO

Die Würstchen der Länge nach in dünne Scheiben schneiden. Die Kräuter waschen, trocknen und grob schneiden. Die Walnusskerne in einer Pfanne ohne Fett leicht rösten und grob hacken. Knoblauch schälen und ebenfalls grob hacken. Kräuter, Walnusskerne und Knoblauch im Mörser zerreiben oder im Blitzhacker zerkleinern. Nach und nach das Rapsöl dazugeben und alles zu einer glatten Paste verarbeiten. Mit Zitronensaft, Salz und weißem Pfeffer aus der Mühle abschmecken.

Die Wurstscheiben fächerförmig auf den Tellern anrichten, mit Pesto bestreichen und ausgarnieren (siehe Foto).

Die Einflüsse der italienischen Küche in Frankfurt machen natürlich auch vor unserem geliebten Würstchen nicht Halt. Als Beilage passen geröstete Baguettescheiben mit ein paar Tropfen guten Olivenöls.

12 Scheiben getoastetes Roggenbrot
(pro Person 3 Deckelchen)

Das Brot rund und so groß ausstechen, dass es stabil auf einem Apfelweinglas liegen kann.

DREIERLEI
Frankfurter DECKELCHEN

1. Deckelchen:

60 g frisches Schweinemett (ungewürzt)
1 Radieschen
1 EL fein geschnittene Zwiebel
60 g Frankfurter Würstchen (in feine Würfel geschnitten)
1/2 TL Kräutersenf
1 TL Rapsöl
1 EL Rapsöl zum Braten
Salz Pfeffer
4 Kerbelblätter

Das Öl und den Senf zu einer cremigen Sauce verrühren. Die Zwiebeln dazugeben, kräftig mit Salz und Pfeffer abschmecken. In das Schweinemett die Wurststücke und die Sauce geben und alles gut miteinander vermengen. 4 kleine Frikadellen formen und in einer Pfanne mit heißem Öl braten. Radieschen in feine Scheiben schneiden, blütenförmig auf die Deckelchen verteilen. Die leicht warme Frikadelle darauflegen und mit einem Kerbelblatt dekorieren.

Tipp: *Die Deckelchen werden auf ein gefülltes Apfelweinglas gelegt und so serviert.*

2. Deckelchen

60 g Tatar

30 g Nordseekrabben (klein geschnitten)

30 g Frankfurter Würstchen (in feine Würfel geschnitten)

1 Eigelb

1 EL Rapsöl

1 TL mittelscharfer Senf

1 TL Sojasauce oder Maggiwürze

1 TL Ketchup

Salz, schwarzer Pfeffer aus der Mühle

12 gezupfte Blätter vom Feldsalat

1 Apfel

Mit dem Eigelb und dem Öl eine Sauce rühren, den Senf dazugeben, dann die Würzsauce und den Ketchup dazu. Mit Pfeffer und Salz kräftig abschmecken.

Das Rinderhack, die Nordseekrabben und die Wurststückchen mit einander vermischen. Die Sauce einrühren und 4 Bällchen formen. Den Apfel waschen, vierteln und entkernen und 8 feine Scheiben davon abschneiden (Rest gleich essen). Die Feldsalatblättchen und die Apfelscheiben gleichmäßig auf die Brote verteilen und mit den Tatarkugeln belegen.

3. Deckelchen

1 kleine Scheibe vom Krautwickel (s. Rezept Seite 83)

4 TL Frankfurter Grüne Soße

1 kleine Möhre

1 Stengel Petersilie

Krautwickel in 1 cm dicke Scheiben schneiden (der Belagfläche anpassen). Die geschälte Möhre in dünne Scheiben schneiden und blütenförmig auf den Deckelchen verteilen. Die Krautwickelscheiben darauflegen, mit etwas Frankfurter Grüne Soße nappieren und mit einem Petersiliensträußchen dekorieren.

Tipp: *Nach diesem Prinzip werden häufig Pasteten zubereitet, deshalb auch der Hinweis darauf, kalt zu servieren. Je nach Zugaben kann dieses Gericht als Hauptgang, aber auch als Vorspeise oder Zwischengericht serviert werden.*

Für vier Personen

400 g feines Bratwurstbrät

2 Paar Frankfurter

2 Stangen Lauch

1 mittelgroße Möhre

4 Stengel Kerbel

1 TL fein geriebene Zitronenschale (unbehandelt)

evtl. Salz und weißer Pfeffer

WÜRSTCHENTALER

Das dunkle Grün und den Wurzelteil vom Lauch wegschneiden. Den Lauch seitlich einschneiden, sodass breite Blattteile entstehen. Die Lauchstreifen in kochendem Salzwasser 2 – 3 Minuten blanchieren und in Eiswasser abschrecken. Mit Küchenkrepp trocknen.

Die Möhre schälen und in sehr feine Würfel schneiden. Den Kerbel waschen und sehr fein hacken. Zitronenschale fein reiben. Alles zusammen mit dem Bratwurstbrät vermischen. Sollte das Bratwurstbrät nicht gewürzt sein, mit Salz und Pfeffer nachwürzen.

Die Frankfurter Würstchen quer halbieren. Die trockenen breiten Lauchblätter so nebeneinander auslegen, dass die Wurst vom Lauch eingehüllt werden kann. 50 g Brät mittig auf dem Lauchteppich ausbreiten. Die halbe Wurst darauflegen und mit dem überhängenden Brät einpacken. Den Lauch um die Wurst schlingen und überschüssige Teile wegschneiden. Die Wurst muss sauber vom Lauch eingehüllt sein.

Diese Rolle erst in Klarsichtfolie und dann in Alufolie einwickeln. In leicht kochendem Salzwasser ca. 15 – 20 Minuten garen. In heißem, auch in kaltem Zustand, in talergroße Stücke schneiden und servieren.

Für vier Personen (Partysnack)

2 Paar Frankfurter Würstchen

8 Reisblätter

400 g feines Bratwurstbrät (vom Metzger)

1 kleines Bund frischer Koriander

Saft von 1 Limone und den Abrieb der Limone

1 mittelgroße Möhre

1 Chilischote

Salz, weißer Pfeffer aus der Mühle

1 l Rapsöl

FRANKFURTER WÜRSTCHEN *im* REISBLATT

Den Koriander waschen, trocknen und fein hacken. Die Möhre schälen und in feine Würfel schneiden. Chilischote halbieren, die Kerne entfernen und auch in feine Würfel schneiden. Alles in das Bratwurstbrät geben und mit dem Limonensaft, dem Abrieb, Salz und Pfeffer würzen. Die Frankfurter quer halbieren.

Einen großen Teller mit Wasser auffüllen, die Reisblätter hineinlegen, kurz einweichen und in diesem Zustand auf ein Stück Klarsichtfolie legen. Danach auf alle Blätter das Bratwurstbrät mittig verteilen. Die Wurststücke darauflegen und mit dem restlichen Brät einkleiden. Alles wie eine Roulade zusammenfalten.

Das Öl auf 180 °C in einem hohen Topf erhitzen, und die Röllchen darin knusprig ausbacken, oder eine Fritteuse benutzen.

Tipp: *Die Zugabe von frischem Koriander ist immer Geschmackssache, deshalb die angegebene Menge als Empfehlung sehen. Dazu empfehle ich eine hochwertige Sojasauce und eine Sweet-Sour-Sauce aus dem Asia-Laden.*

APFEL-KARTOFFEL-SCHAUMSUPPE

mit WÜRSTCHEN-BISKUIT

Für vier Personen

Zutaten für die Suppe

2 leicht säuerliche geschälte und entkernte Äpfel

2 mittelgroße mit Schale gekochte, mehlige Kartoffeln (gepellt)

3/4 l kräftige Geflügelbrühe

0,1 l flüssige Sahne

1 EL Pflanzenöl

1 geschälte mittelgroße Zwiebel

Salz, weißer Pfeffer, Muskatnuss (frisch reiben)

Pflanzenöl erhitzen, Zwiebelwürfel andünsten. Die Apfel- und Kartoffelstücke dazugeben, mit der Brühe auffüllen und gut durchkochen, mit dem Mixstab pürieren, die Sahne dazu. Mit Salz, Pfeffer und wenig frisch geriebener Muskatnuss abschmecken. Kurz vor dem Servieren mit Zauberstab aufschäumen.

Zutaten für den Biskuit

1 Ei

10 g Stärke (durchsieben)

10 g Mehl (durchsieben)

1 Stück Frankfurter Würstchen

1 EL gehackte Petersilie

1 EL fein geschnittener Schnittlauch

Salz, weißer Pfeffer

Eigelb und Eiklar trennen. Das Eiklar steif schlagen. Das Eigelb schaumig schlagen und den steif geschlagenen Eischnee unterheben. Stärke und Mehl unterrühren. Mit Salz und Pfeffer abschmecken. Backblech mit Backpapier auslegen. Die Masse aufstreichen und das in feine Scheiben geschnittene Würstchen und die Kräuter gleichmäßig darauf verteilen. Bei 180 °C ca. 10 Minuten ausbacken. In gleich große Stücke schneiden.

Tipp: *Nach Fertigstellung des Biskuits sofort auch die Suppe servieren.*

Tipp: *Dieser „Klassiker“ der französischen Küche bekommt durch die Würstchen, die Tomaten und den betörenden Duft des Zitronen-Thymians eine besonders leckere Ausrichtung.*

Für vier Personen

600 g festkochende Kartoffeln

1/2 l Sahne

2 Paar Frankfurter Würstchen

8 rote Tomaten

2 Knoblauchzehen

60 g Butter

7 Zweige vom Zitronen-Thymian

Salz, weißer Pfeffer aus der Mühle

geriebene Muskatnuss

KARTOFFEL-TOMATEN-WÜRSTCHEN-GRATIN *mit* ZITRONEN-THYMIAN

Die Kartoffeln schälen, in 2 mm dicke Scheiben schneiden und trocken legen. Die Frankfurter Würstchen und Tomaten (Stilansatz entfernen!) in Scheiben schneiden.

Mit den geschälten Knoblauchzehen die Auflaufform ausstreichen und anschließend ausbuttern. Kartoffeln, Tomaten und Wurstscheiben reihenweise wie Dachziegel in die Form einlegen.

Sahne mit Salz, Pfeffer und Muskatnuss kräftig abschmecken und darübergießen.

Im Ofen bei 180 °C Ober-/Unterhitze ca. 30 – 40 Minuten garen. Sollte die Oberfläche noch nicht leicht braun sein, mit dem Ofengrill unter Aufsicht nachbacken.

Den Zitronenthymian von den Zweigen rebeln und über den Auflauf verteilen, kurz im Ofen warm werden lassen.

Für vier Personen

2 Paar Frankfurter Würstchen

200 g grobes Bratwurstbrät (vom Metzger)

2 hellgrüne Wirsingblätter

1 Apfel

1 TL getrockneter Majoran

schwarzer Pfeffer aus der Mühle

1 Ei

8 Platten Blätterteig (tiefgefroren)

2 EL Mehl

kinderleicht

FRANKFURTER
im SCHLAFROCK

Die Wirsingblätter in kochendem Salzwasser kurz blanchieren. In Eiswasser abkühlen und die dicke Blattrippe herausschneiden, sodass zwei Blatthälften entstehen.

Den Apfel schälen, entkernen und in kleine Stücke schneiden. Zu dem Bratwurstbrät geben und zusammen mit dem Majoran und etwas Pfeffer vermischen. Die Masse auf den Wirsingblättern mittig verstreichen, sodass alles die Wurst umschließen kann. Die Frankfurter halbieren, auf die Wurstmasse legen und mit Wirsingblättern rund einschlagen. Überhängige Blattteile wegschneiden.

Das Mehl auf trockenem Untergrund verteilen und die angetauten Teigplatten ausrollen. Auf jede Platte ein eingepacktes Würstchen legen und wie eine Rindsroulade komplett einschlagen, überhängenden Teig wegschneiden.

Die Oberseite mit dem Eigelb bestreichen und wie beim Brötchen leicht schräg einschneiden. Den Ofen auf 180 °C vorheizen. Bei Ober-/Unterhitze ca. 15 – 20 Minuten mittelbraun ausbacken.

Tipp: *Dazu können die Frankfurter Grüne Soße, ein Tomatenragout und ein Wirsingauflauf gereicht werden.*

Für vier Personen (Partysnack)

2 Paar Frankfurter Würstchen

4 mittelgroße Kartoffeln (festkochend)

1 l Rapsöl

Vorschlag:

0,5 l Frankfurter Grüne Soße

FRANKFURTER
im KARTOFFELMANTEL

Jedes Würstchen in zwei Teile schneiden. Die Kartoffeln schälen und mit dem „Spirali“ Kartoffelspaghetti drehen und die Wurststücke darin einwickeln.

Das Rapsöl in einem hohen Topf (mind. 3 Liter) auf 180 °C erhitzen und die Würstchen nacheinander darin ausbacken.

Dazu unsere beliebte Frankfurter Grüne Soße servieren.

Tipp: *Der „Spirali“ ist ein spezieller Gemüseschneider und im Fachhandel erhältlich. Sie können damit die unterschiedlichsten Gemüseformen schneiden. Die Würstchen nicht zu dunkel ausbacken. Die Temperatur lässt sich durch die Zugabe einer geschälten Kartoffel regulieren, denn das Fett sollte nicht die 180 °C überschreiten. Mit einer Fritteuse gelingt es einfacher.*

kinderleicht

Für vier Personen (Partysnack)

2 Paar Frankfurter Würstchen
150 g Paniermehl
30 g geriebenen Parmesan
100 g Mehl
2 Eier
1 l Rapsöl

Vorschlag:

0,2 l Frankfurter Grüne Soße
0,2 l Tomatensugo
0,2 l Senf-Joghurt-Creme

VARIATION VON KNUSPERWÜRSTCHEN *mit* DREI SAUCEN

Jedes Würstchen in drei Teile schneiden. Die Eier aufschlagen. 1/3 des Paniermehls mit dem Parmesankäse vermischen. Die Würstchen panieren. Das Rapsöl in einem hohen Topf (mind. 3 Liter) auf 180 °C erhitzen und die panierten Würstchen nacheinander ausbacken. Mit Spießen versehen und als Partysnack servieren. Dazu können die vorgeschlagenen Saucen serviert werden.

Tipp: *Die Würstchen nicht zu dunkel ausbacken. Die Temperatur lässt sich durch die Zugabe einer geschälten Kartoffel regulieren, denn das Fett sollte nicht die 180 °C überschreiten. Einfacher ist es, sie haben eine Fritteuse.*

1 Paket Frankfurter-Grüne-Soße-Kräuter
1/4 l hessischer Schmand oder Crème fraîche
150 g Vollmilchjoghurt
4 hart gekochte Eier
1 EL Apfelessig
2 EL mildes Öl (Raps)
1 Prise Zucker
etwas Salz und gemahlener weißer Pfeffer

FRANKFURTER GRÜNE SOSSE

Alle Kräuter waschen und trocknen (in der Salatschleuder oder im Küchentuch schleudern). Petersilie, Borretsch, Sauerampfer und Pimpernelle von kräftigen bzw. holzigen Stielen befreien. Alle Kräuter mit einem Wiegemesser oder einem sehr scharfen Küchenmesser fein hacken. Der Schnittlauch wird in feine Röllchen geschnitten, der Sauerampfer als letztes Kraut fein geschnitten. Alle Zutaten, außer den Eiern, vermischen und mit Salz und Pfeffer würzen. Die Soße mindestens 1 Stunde zugedeckt in den Kühlschrank stellen. Kurz vor dem Servieren die gehackten Eier dazugeben und noch einmal abschmecken.

Tipp: *Es gibt Rezepte, in denen mit hart gekochtem Eigelb, Öl und Senf eine cremige Soße hergestellt und unter den Schmand gemischt wird. Auch das Abschmecken mit Zitronensaft wird häufig angegeben. Alles ist möglich, wenn es einem selbst und den Gästen schmeckt! Was Sie auf gar keinen Fall machen sollten, ist die Kräuter mit Stengeln im Mixer oder Fleischwolf wie ein Püree zermahlen. Das gibt zwar eine schöne grün gefärbte Soße, aber es werden durch das Zerquetschen der Kräuter und der Stiele alle Bitterstoffe freigesetzt. Dieses hinterlässt einen grasigen und bitteren Geschmack. Sehr wichtig ist, dass die Kräuter sehr, sehr fein gehackt werden.*

4 vollreife Freilandtomaten oder 1 Dose Tomaten in Stücken
1 Zwiebel
1 Knoblauchzehe
0,1 l Fleischbrühe
2 EL Olivenöl
Salz, schwarzer Pfeffer

TOMATENSUGO

Zwiebel und Knoblauch schälen und in feine Würfel schneiden. Den Stielansatz aus den Tomaten herausschneiden und die Tomaten in Würfel schneiden. Das Öl erhitzen, die Zwiebel- und Knoblauchwürfel darin andünsten, die Tomatenwürfel und die Fleischbrühe dazu und alles sämig einkochen lassen. Mit Salz und Pfeffer abschmecken.

0,2 l Vollmilch-Joghurt
0,1 l hessischer Schmand
1 EL mittelscharfer Senf
1 Sardellenfilet (gewässert)
1 Prise Zucker, Salz, weißer Pfeffer

SENF-JOGHURT-CREME

Den Joghurt, den Schmand und den Senf verrühren. Das Sardellenfilet mit 1/2 EL Salz zu einer Paste verreiben. Mit etwas Joghurtsauce anrühren und dann alles zusammenrühren. Evtl. mit Salz und weißem Pfeffer aus der Mühle abschmecken.

Metzgereien,

die Frankfurter Würstchen selbst herstellen und verkaufen:

Fleischer-Fachgeschäft Arrabin GmbH
Grüneburgweg 21 – 23 · 60322 Frankfurt am Main
Telefon: 069 726607 · Fax: 069 7101813
www.arrabin.info · metzgerei@arrabin.info

Fleischer-Fachgeschäft Luise Dey GmbH
Kleinmarkthalle Stand 12 – 16
Hasengasse 7 · 60311 Frankfurt am Main
Telefon: 069 294820 · Fax: 069 13385692
www.wurst-dey.de · info@wurst-dey.de

Fleischer-Fachgeschäft Michael Ebert
Große Eschenheimer Straße 5 · 60313 Frankfurt am Main
Telefon: 069 133871-0 · Fax: 069 2858-25
www.ebert-feinkost.de · info@ebert-feinkost.de

Metzgerei & Schlachtbetrieb
Manfred und Sven Elzenheimer GbR
Heimchenweg 5 · 65929 Frankfurt am Main
Telefon: 069 313015 · Telefax: 069 313015
www.metzgerei-elzenheimer.de · info@metzgerei-elzenheimer.de

Fleischer-Fachgeschäft Gref GmbH
Gref-Völsings
Hanauer Landstraße 132 · 60314 Frankfurt am Main
Telefon: 069 433530, 069 90436711 · Fax: 069 90436710
www.gref-voelsings.de · franzisatvary@gref-rindswurst.de

Fleischer-Fachgeschäft Richard Heininger
Neue Kräme 31 · 60311 Frankfurt am Main
Telefon: 069 284577 · Fax: 069 91397163
www.metzgerei-heininger.de · kontakt@metzgerei-heininger.de

Fleischer-Fachgeschäft Robert Heinrich
Winterstraße 20 · 60489 Frankfurt am Main
Telefon: 069 782623 · Fax: 069 78995721
www.partyservice-ffm.de · info@metzger-heinrich.de

Fleischer-Fachgeschäft Hoos GmbH
Metzgerei Hoos GmbH
Berger Straße 56 · 60316 Frankfurt am Main
Telefon: 069 433442 · Fax: 069 4970128
www.feinkost-hoos.de · info@feinkost-hoos.de

Fleischer-Fachgeschäft Peter Martus
Metzgerei und Partyservice Peter Martus
Homburger Landstraße 114 · 60435 Frankfurt am Main
Telefon: 069 542990 · Fax: 069 542969
www.martus-metzgerei.de · service@martus-metzgerei.de

Metzgermeister Alfred Quirin
Korffstraße 23 · 60437 Frankfurt am Main
Telefon: 06101 41513 · Fax: 06101 8024006
www.metzgereiquirin.de · info@metzgereiquirin.de

Haxen-Reichert GmbH Thomas Reichert
Brüningstraße 17 · 65929 Frankfurt am Main / Hoechst
Telefon: 069 313581 · Fax: 069 302675
www.haxen-reichert.de · info@haxen-reichert.de

Fleischer-Fachgeschäft Stefan Schmidt
Kegelbahn 32 · 65931 Frankfurt am Main
Telefon: 069 364320

Fleischer-Fachgeschäft Stefan Schmidt
Korffstraße 41 · 60437 Frankfurt am Main
Telefon: 06101 42594

Fleischer-Fachgeschäft Michael und Claudia Spahn
Berger Straße 222 · 60385 Frankfurt am Main
Telefon: 069 455481 · Fax: 069 94592790
www.biospahn.de · biospahn@t-online.de

Fleischer-Fachgeschäft Kai Waibel
Leipziger Straße 15 · 60487 Frankfurt am Main
Telefon: 069 772634 · Fax: 069 773765
www.metzgerei-waibel.de · genuss@metzgerei-waibel.de

Fleischer-Fachgeschäft Jörg Wieseke
Hegarstraße 24 · 60529 Frankfurt am Main
Telefon: 069 355153 · Fax: 069 355153
www.fleischerei-wieseke.de · info@fleischerei-wieseke.de